TRANSFORMEZ un coin de pelouse en un petit potager

Direction de la publication
Isabelle Jeuge-Maynart et Ghislaine Stora

Direction éditoriale
Aurélie Starckmann

Édition
Liza Person-Lisiecki assistée de Léa Roumiguières

Conception graphique
Emmanuel Chaspoul, Claude-Olivier Four

Mise en pages
Claude-Olivier Four

Couverture
Damien Payet

Fabrication
Marlène Delbeken

ISBN : 978-2-03-596689-6

PETIT CARNET JARDIN

Valentine Prinet

TRANSFORMEZ un coin de pelouse en un petit potager

DÈS L'AUTOMNE !

Les bons choix pour des récoltes généreuses

LAROUSSE

AVANT-PROPOS

Il y a quelques années encore, on achetait une maison avec jardin pour son aspect ornemental et récréatif : parterres de fleurs, haie uniforme, pelouse pour que les enfants puissent se défouler, et pourquoi pas une piscine pour se détendre. À l'heure du changement climatique et de la raréfaction des ressources énergétiques, le potager familial devient une solution à de nombreuses problématiques.

La culture de quelques légumes est une réponse simple aux besoins de manger sain, produire une nourriture locale, retrouver les vraies saveurs que la majorité des variétés industrielles ont perdues.

C'est aussi une façon de nous (re)découvrir, de prendre du temps dans nos agendas surchargés et de se remettre au rythme lent et rassurant de la nature.

Se réapproprier une partie de son alimentation, même infime, est un acte politique fort. C'est prendre conscience du monde (si fragile et précieux) qui nous entoure, faire une pause dans nos vies accélérées et s'émanciper.

Ce cahier a été créé pour vous accompagner dans la création de votre potager, et surtout vous montrer qu'il suffit de se lancer pour apprendre, et récolter.

Prenez beaucoup de plaisir dans ces nouvelles aventures !

Valentine Prinet

SOMMAIRE

1. J'observe et fais le point sur mes ressources 9

PROJET 1 – *Où placer mon potager ?* 10
PROJET 2 – *Je dessine le plan de mon potager* 12
PROJET 3 – *J'apprends à connaître mon sol* 14
PROJET 4 – *Je valorise ce qui est déjà là* 16
PROJET 5 – *J'optimise la gestion de l'eau* 18
PROJET 6 – *Je récupère un maximum de matière organique* 19

2. En automne, je m'organise... 21

PROJET 1 – *Je définis mon plan de culture* 22
PROJET 2 – *Le calendrier de mes légumes* 24
PROJET 3 – *Le calendrier de mes fruits et petits fruits* 25
PROJET 4 – *Je fais travailler les micro-organismes du sol pour moi* 26
PROJET 5 – *Je plante les arbres fruitiers* 28

3. Au printemps, je lance les plantations... 31

PROJET 1 – *Je sème, je plante* 32
PROJET 2 – *Je cultive à la verticale* 34
PROJET 3 – *Je diversifie et mélange mes légumes* 35
PROJET 4 – *Je mise sur les plantes vivaces* 36

4. J'entretiens mon potager 39

PROJET 1 – *Je couvre mon sol* 40

PROJET 2 – *Je limite le travail du sol* 42

PROJET 3 – *J'optimise l'arrosage* 43

PROJET 4 – *Je fais des extraits fermentés* 44

PROJET 5 – *Je nourris la terre pour nourrir les plantes* 46

5. Je profite des récoltes 49

PROJET 1 – *Je récolte au bon moment* 50

PROJET 2 – *J'apprends à conserver mes récoltes* 52

6. Avec les années, je gagne en expérience 55

PROJET 1 – *J'observe mon jardin et apprends à le connaître* 56

PROJET 2 – *J'envisage de nouvelles productions* 58

PROJET 3 – *Je donne un coup de pouce aux insectes* 60

Réponses aux tests 62

ÉTAPE 1

J'observe et fais le point sur mes ressources

Prenez le temps d'observer ce qui est déjà en place et comment vous pourriez tirer parti des ressources déjà présentes. L'idéal est d'observer votre jardin pendant un an avant de vous lancer.

Le design avec la méthode OBREDIM

La méthode « OBREDIM » est parfois utilisée dans la conception de lieux en permaculture. Apparemment complexe, elle permet de structurer le design plus facilement.

1 **Observer :** tout élément pertinent. L'eau, les dénivelés, le climat, les ressources disponibles, le voisinage.

2 **Bordures :** quelles sont les limites de conception, à la fois physiques (limite du terrain) et immatérielles (légales, financières, temps disponible, etc.).

3 **Ressources :** inventaire des ressources disponibles – humaines (force de travail, aide morale, talent particulier, matérielles (outils), physiques (eau, matériel pour paillage…).

4 **Évaluation :** analyse des besoins et des fonctions de chaque élément du design (compost, potager, poules, etc.) afin de pouvoir créer des synergies en les associant entre eux.

5 **Design :** on passe aux choses concrètes en dessinant un plan avec chaque élément du design.

6 **Implémentation :** phase de mise en place concrète du design.

7 **Maintenance :** après la mise en place, ensemble des actions nécessaires pour le bon fonctionnement du système (arrosage, désherbage, etc.). Elle doit être la plus faible possible grâce à un bon design.

RESSOURCES À UTILISER

....

....

....

....

....

....

INCONVÉNIENTS À PRENDRE EN COMPTE

....

....

....

....

....

PROJET 1 *Où placer mon potager ?*

De nombreux facteurs ont un impact sur la croissance de vos plantes, ne partez pas tête baissée, et observez votre terrain pour en tirer le meilleur parti !

Je veux du soleil !

La plupart des légumes ont besoin de **plus de 6 heures** d'ensoleillement journalier pour bien se développer. Une exposition sud leur est donc généralement profitable. À savoir, le soleil d'ouest (du soir) peut être particulièrement chaud et brûlant, notamment en temps de canicule. Gardez en tête que plus vos légumes ont du soleil, plus ils transpirent et ont besoin d'eau.

Près de la maison

La clef du succès d'un potager est souvent liée à la fréquence à laquelle il est visité. Ne dit-on pas que l'ombre du jardinier est le meilleur engrais ?

Pour y aller le plus souvent possible, placez-le au plus près de votre maison (idéalement même, de la cuisine, pour cueillir quelques aromatiques en cuisinant) ou d'un endroit que vous visitez fréquemment (comme le poulailler, ce qui vous permettra d'ailleurs de limiter le transport du fumier composté dans un sens, et des déchets du potager dans l'autre !).

Je m'adapte à la pente

En plus de compliquer l'accès au potager, la topographie peut avoir un impact sur le climat. Ainsi, les zones basses peuvent être inondées et mal drainées (en fonction de la nature du sol). Ce sont aussi les zones les plus soumises au gel.

Les pentes fortes peuvent être facilement lessivées, mais avec des aménagements adaptés (baissières, noues), on peut en tirer parti et y récupérer beaucoup d'eau pour qu'elle s'infiltre dans le sol plutôt qu'y ruisseler.

Vous avez de la pente ? Cultivez vos légumes de façon perpendiculaire à la pente pour éviter le lessivage des sols. Si la pente est vraiment forte, vous pouvez envisager de créer des terrasses, l'investissement initial est fort mais votre vie sera grandement facilitée !

Les légumes qui poussent bien à l'ombre

Les légumes feuilles réussissent souvent bien à l'ombre : salades, roquette, blettes, épinards, mâche, cresson. D'autres légumes et aromates s'y plaisent également : topinambours, raifort, choux asiatiques.

Je m'abrite des vents

Implantez une **haie brise-vent** si besoin. En plus de ralentir la croissance des légumes et parfois même les casser, le vent est asséchant et peut participer à l'érosion des sols qui ne sont pas couverts. L'idéal est d'utiliser des essences diversifiées qui forment une protection ajourée pour atténuer le vent (plutôt que de construire un «mur» imperméable de thuyas par exemple qui a souvent pour effet de créer une petite turbulence).

Et pourquoi pas un potager sous les arbres ?

Cela peut paraître surprenant, mais certains légumes poussent très bien sous des arbres, à condition d'avoir suffisamment de lumière pour se développer. Vous pouvez envisager d'établir votre potager dans un verger existant, ou planter des arbres dans les premières années de votre potager. Ils se développeront au fil des années, pensez à les espacer et imaginez la place qu'ils prendront dans dix ans, voire trente… ou plus ! Vous trouverez de nombreuses informations dans des ouvrages d'agroforesterie.

PROJET 2 *Je dessine le plan de mon potager*

À partir d'une photo aérienne de votre jardin, dessinez votre potager, tel que vous le voyez la première année, puis les suivantes. Prenez en compte le développement des arbres au fil des ans !

À vos crayons !

Indiquez les 4 points cardinaux et matérialisez les **vents** dominants par des flèches.

Repérez les **ombres portées** (par les arbres, les bâtiments, murs…) sur le plan, en hiver et en été. Si votre terrain est en **pente**, dessinez les courbes de niveaux, ce sera une précieuse indication.

Enfin, indiquez les **chemins** actuels et prévus, ainsi que les **points d'eau** disponibles.

Les planches de culture

Les légumes sont traditionnellement plantés sur des longueurs qu'on appelle des «planches». Il faut éviter de marcher dessus pour ne pas tasser le sol, vous devez donc être capable d'atteindre le centre de chaque planche en tendant le bras. Comptez environ 1,2 m de large pour une largeur de planche optimale. Entre chaque planche, le chemin doit faire au moins 30 cm de large pour une circulation facile.

Plan de mon potager

PROJET 3 *J'apprends à connaître mon sol*

Le sol a mis des centaines de millions d'années à se constituer. La roche-mère s'est très progressivement dégradée, formant ce sol si précieux dont dépend notre survie.

COMMENT MESURER LE PH DE MON SOL ?

- **Observez!** La flore spontanée est bioindicatrice: elle vous donnera de précieux renseignements sur votre sol et son degré d'acidité. Observez votre pelouse et les plantes alentour. En terre calcaire (alcaline), vous trouverez des cornouillers, de la luzerne, des chardons, de la primevère, de la clématite, du trèfle blanc, du coquelicot. En terre acide, ce sont plutôt les genêts, les rumex, le bouton d'or, la pâquerette qui dominent.
- Vous pouvez utiliser un **pH-mètre**.
- Pour une analyse plus fine (et aussi connaître la composition exacte de votre sol et sa teneur en éléments nutritifs), il est possible de demander une **analyse** en laboratoire spécialisé.

Les différents horizons du sol

Le sol est constitué de deux couches principales au-dessus de la roche-mère:

- la **couche arable** est la couche supérieure la plus fertile;
- la **couche intermédiaire** est plus minérale mais contient aussi de la matière organique.

L'impact du pH pour les cultures

Le pH indique le degré d'acidité de votre sol.

Un sol **neutre** a un pH d'environ 7.

On considère qu'un sol avec un pH inférieur à 7 est **acide**.

S'il est supérieur à 7, il est **calcaire**.

C'est la composition de la roche-mère qui influence le plus le pH du sol.

La majorité des légumes et petits fruits apprécieront un sol neutre à légèrement acide. Si votre sol s'éloigne de la neutralité, vous pouvez tout à fait le cultiver, il faudra juste garder en tête que certaines cultures sont à éviter. Par exemple, n'essayez pas de cultiver des myrtilles en terre calcaire!

Je découvre la composition de mon sol

Le sol est composé d'éléments minéraux de différentes tailles, principalement les sables, les limons et les argiles. Chaque type d'élément a un impact sur les propriétés de votre sol: c'est la proportion des sables, limons et argiles qui vous donne une indication sur le type de votre sol (chacun ayant des avantages et des inconvénients).

le test du bocal

Une solution simple et gratuite pour avoir une idée de la composition de votre sol !

1. Prenez de la terre à environ 10 cm de profondeur.
2. Mettez-la dans un bocal transparent et cylindrique (en le remplissant à moitié).
3. Ajoutez de l'eau, en laissant quelques centimètres d'air.
4. Fermez le bocal et secouez-le fortement pendant 3 minutes.
5. Laissez-le reposer pendant 24 heures.

La matière est classée par taille : en bas, vous trouverez les graviers s'il y en a, puis vous distinguerez les sables, les limons, les argiles, et au-dessus, la matière organique qui flotte.

Une simple règle de trois vous permet ensuite de connaître le pourcentage en sable, argiles et limons de votre sol : mesurez la hauteur totale de la terre, puis la hauteur de chaque strate. Pour connaître le pourcentage de chaque strate, multipliez la hauteur de la strate par 100 et divisez par la hauteur totale.

Comment analyser le résultat ?

Les terres à **dominante sableuse** sont très filtrantes et ont souvent du mal à garder l'eau et les nutriments. En revanche, elles se réchauffent vite au printemps.

Les terres à **dominante limoneuse** sont généralement assez riches, mais elles sont sensibles au tassement : il faut bien les couvrir pour éviter le phénomène de battance.

Les terres à **dominante argileuse** sont lourdes et collantes. Elles retiennent très bien l'eau et sont souvent riches en nutriments.

TERRE ARGILEUSE...

Attention aux problèmes d'hydromorphie (sols engorgés en eau, provoquant une asphyxie des racines) : certaines plantes comme le framboisier ou le cerisier risquent de ne pas apprécier.

PROJET 4 *Je valorise ce qui est déjà là*

En aménageant votre potager, vous allez tomber sur des trésors, réfléchissez bien avant de vous débarrasser de tout !

Prêle

Des « mauvaises » herbes très utiles

Les herbes folles de votre pelouse peuvent vous être utiles à différents niveaux, apprenez à les connaître !

Je dévore ma pelouse

Beaucoup d'entre elles sont comestibles, nutritives (riches en fibres, vitamines et minéraux) et délicieuses. Il va sans dire qu'on ne doit les manger que si l'on est sûr et certain de leur identification ! Petite liste de plantes comestibles que vous trouverez souvent dans le potager ou au sein de la pelouse :

Pissenlit

- pissenlits ;
- égopode podagraire (*Aegopodium podagraria*) ;
- ortie dioïque (*Urtica dioica*) ;
- pourpier (*Portulaca oleracea*) ;
- mouron blanc (*Stellaria media*) ;
- mauve sylvestre (*Malva sylvestris*) ;
- lierre terrestre (*Glechoma hederacea*) ;
- galinsoga au goût subtil d'artichaut (*Galinsoga quadriradiata*) ;
- chénopode blanc (*Chenopodium album*) ;
- amarante réfléchie (*Amaranthus retroflexus*) ;
- plantains lancéolé et corne-de-cerf (*Plantago lanceolata, Plantago coronopus*) ;
- coquelicot (*Papaver rhoeas*) ;
- cardamine hirsute (*Cardamine hirsuta*) ;
- roquette sauvage (*Diplotaxis tenuifolia*).

Plantain lancéolé

2 Je traque les informations sur mon sol

Chaque plante spontanée peut aussi être bioindicatrice (en fonction de la densité présente sur une parcelle donnée). Un sol contient en moyenne une dizaine de milliers de graines par mètre-cube de terre. Elles sont en dormance et attendent les conditions idéales pour germer.

3 Je les utilise au jardin

De nombreuses plantes « sauvages » peuvent être utilisées en **extraits fermentés** (aussi appelés « purins ») et vous aider dans la gestion de vos cultures. Prêles, orties, consoudes, tanaisie et bien d'autres peuvent être d'une grande aide (voir p. 44).

Vous pouvez aussi les utiliser en **paillage** : les tontes, les herbes que vous arrachez couvrent le sol et le protègent, en plus de nourrir ses habitants (voir p. 40).

LA LEVÉE DE DORMANCE

Lorsqu'une plante produit des graines, elles sont en dormance et attendent les bonnes conditions pour germer. Ces conditions sont variables en fonction de l'espèce.
La levée de la dormance d'une graine dépend de la structure, de la composition, de la matière organique, des micro-organismes du sol, ainsi que des pratiques agricoles passées.

Je garde les pierres et les cailloux

Des tas de pierres sèches offriront un **habitat** à la faune : reptiles, insectes, et petits mammifères en feront bon usage. Choisissez un endroit abrité des vents dominants, exposé au sud et évitez de toucher aux pierres ensuite pour ne pas déranger tout ce petit monde !

Si vous avez beaucoup de grosses pierres, pourquoi ne pas les utiliser pour faire **une spirale d'aromatiques** qui amènera un peu de volume au jardin ?

Je donne une seconde vie au bois mort

Les branches coupées serviront de **tuteurs** aux tomates et haricots grimpants (bambous, noisetiers).

Vous pouvez aussi les **broyer**. Les branches de plus faible diamètre (et idéalement rameaux de l'année, dont la lignine n'est pas encore totalement polymérisée, encore flexibles) donneront un excellent paillage (à teneur très élevée en carbone).

Les branches plus fortes serviront de **piquets** ou de clôture (châtaignier, acacia).

Gardez les **vieilles souches** ! Elles abriteront de nombreux insectes qui y trouveront le gîte et le couvert.

PROJET 5 J'optimise la gestion de l'eau

Ressource de plus en plus précieuse, l'eau doit être pensée en amont de la création de votre potager, pour à la fois diminuer vos besoins, et en récupérer le plus possible.

Je sélectionne les espèces adaptées à la sécheresse...

En choisissant des espèces sobres, locales et rustiques qui ont peu de besoins. Plantez les plantes vivaces et les fruitiers à l'automne, ils auront tout l'hiver pour bien s'établir et auront beaucoup moins besoin d'arrosage par la suite. Ils nécessitent juste quelques arrosages dans les premiers étés de leur vie pour bien démarrer.

Pour un jardin sec sans arrosage, les **aromatiques méditerranéennes** sont des championnes : romarin, thym, sarriette, lavande, fenouil et sauge.

Je paille mon sol

Pour économiser de l'eau (et pour bien d'autres raisons) il est indispensable de pailler votre sol. Une couche épaisse de matière sèche (paille, BRF, copeaux de bois, tontes de gazon, etc.) le protègera des rayons brûlants du soleil, du lessivage lors des pluies, et surtout limitera l'évaporation. Rendez-vous p. 40 pour en savoir plus !

Je joue sur les microclimats

Créez des **haies brise-vent** avec des espèces sobres, locales et rustiques car le vent est très asséchant. Jouez sur la **verticalité** et usez de toute votre créativité en faisant grimper des plantes (concombres, haricots, courges) au-dessus de plantes ayant besoin d'ombre et/ou de garder un sol frais en été, comme les salades.

Je récupère l'eau et la stocke

Récupérez l'eau de pluie en utilisant des systèmes très simples qui détournent l'eau venant de votre gouttière dans une cuve ou une citerne.

JE FAIS MES GRAINES POUR LES ADAPTER À LA SÉCHERESSE

En sélectionnant vos graines sur les pieds mères les plus résistants à la sécheresse, vous améliorerez progressivement leur capacité à vivre et produire avec de moins en moins d'eau.

- Commencez par les plantes autogames (qui ne se croisent pas avec d'autres) : haricots, pois, laitue, aubergine, poivron : ce sont les plus faciles à multiplier dans un premier temps.
- Choisissez les plus beaux pieds qui vous serviront de porte-graines, et sur ce porte-graines, les plus beaux fruits.
- Attendez la complète maturité avant de récolter vos graines, mais cueillez-les avant qu'elles ne tombent ou ne s'envolent.

PROJET 6 *Je récupère un maximum de matière organique*

Pour bien nourrir vos plantes, votre sol doit être plein de vie et riche en matière organique. Les sources sont multiples, c'est en vous intégrant dans le tissu local que vous en trouverez le plus facilement !

Comment fonctionne la fertilité d'un sol ?

Dans la nature, c'est la matière organique (feuilles, bois, faune morte) qui se décompose grâce aux actions des bactéries, des champignons et de la faune du sol.

Un sol en bonne santé, riche en humus, a une structure capable de mettre à disposition l'eau et les nutriments pour vos plantes.

Riches en azote ou carbone ?

La matière organique récupérée peut être utilisée en amendement ou en paillage (qui en se décomposant deviendra aussi un amendement). Prenez en compte sa teneur en azote et en carbone.

• Une forte teneur en **azote** (tontes de gazon, déchets verts broyés) a une action **fertilisante** (en plus de son action protectrice).

• Une forte teneur en **carbone** (feuilles mortes, copeaux de bois, BRF, sciure) provoque à terme une **amélioration du sol**, car le carbone, en se décomposant, améliore la structure du sol en lui apportant de l'humus.

Où trouver ma matière organique ?

La meilleure est celle qui est près de chez vous ! Les **paysagistes** et **élagueurs** sont souvent ravis de se débarrasser du broyat issu de leurs tailles. Les **centres équestres** ont du fumier en quantité. Les **feuilles mortes** sont faciles à récupérer et font un excellent paillage (et un très bon terreau, une fois décomposées). Les **aires de compostage** proposent du compost à des prix souvent très accessibles.

QUELLE DIFFÉRENCE ENTRE ENGRAIS ET AMENDEMENT ?

Un engrais vise à nourrir directement la plante, alors qu'un amendement sert à améliorer la composition et la structure du sol, pour servir ensuite la plante.
L'amendement est plus durable que l'engrais.

FAIM D'AZOTE ?

Les micro-organismes qui décomposent ce carbone ont besoin d'azote pour vivre et risquent de monopoliser temporairement celui qui est disponible dans le sol, au détriment des plantes. C'est ce qu'on appelle une « faim d'azote ».

ÉTAPE 2

En automne, je m'organise...

Vous avez appréhendé votre sol, votre climat, la flore et la faune environnantes. Maintenant que vous avez les idées claires, l'heure est venue de mettre les mains dans la terre.

L'automne, temps de réflexion et d'action

Avant le repos hivernal, il est temps de mettre en place votre plan d'action en définissant vos cultures, en plantant des arbres et arbustes fruitiers (ainsi que des aromatiques et légumes vivaces) et en préparant le sol de votre futur potager pour qu'il soit prêt au printemps.

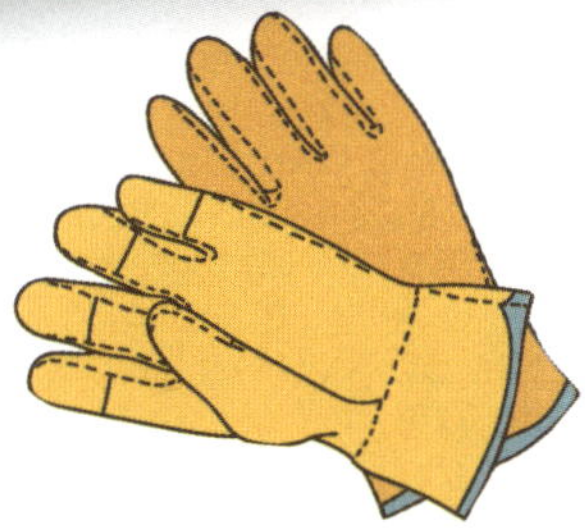

QUIZZ

a) Si je plante un pépin de pomme, j'aurai un pommier qui fera exactement les mêmes fruits que la pomme que je viens de manger.

☐ Vrai ☐ Faux

b) Les arbres fruitiers sont disponibles en racines nues toute l'année.

☐ Vrai ☐ Faux

c) Les fèves permettent de faire venir des pucerons très tôt en saison et leurs prédateurs avec.

☐ Vrai ☐ Faux

d) De l'ail au pied des pêchers éloigne la cloque. ☐ Vrai ☐ Faux

e) Les aubergines se plaisent à côté des tomates. ☐ Vrai ☐ Faux

f) Les échalotes adorent être cultivées à côté des petits pois.

☐ Vrai ☐ Faux

Réponses p. 62

LA BOUTURE DE BOIS SEC (BOIS DORMANT)

L'automne est aussi le moment idéal pour faire des boutures de bois sec, un moyen efficace et économique de multiplier des végétaux ligneux. Cela fonctionne très bien avec la vigne, le groseillier, le cassis, le sureau noir, le kiwi.
Après la chute des feuilles, sectionnez des rameaux de l'année en les coupant sous un nœud (bourgeon). Enterrez le rameau, en gardant au moins 2 nœuds sous terre et 2 nœuds à l'air. Les boutures devraient repartir au printemps. Une fois bien racinées, déplacez-les dans leur emplacement définitif.

PROJET 1 *Je définis mon plan de culture*

On passe aux choses sérieuses ! Pour ne pas vous laisser déborder, mieux vaut commencer petit et bien densifier une petite surface, puis agrandir l'année suivante.

ÉTALEZ LES RÉCOLTES !

Sur la double page suivante, le calendrier vous indique des périodes moyennes de récolte. Voici deux astuces pour échelonner les récoltes pour une même espèce :
- échelonnez les semis, par exemple semez la même variété avec 15 jours de décalage ;
- jouez sur les variétés : cultivez une variété précoce et une variété tardive pour ne pas crouler sous les récoltes au même moment.

Je choisis mes cultures

Vous avez déjà créé vos planches et vos chemins. Reste à choisir ce que vous allez cultiver. C'est avant tout une affaire de goût...

Distinguez les espèces que vous allez cultiver en grandes familles

- **légumes** et **aromatiques annuels** et **bisannuels** (tomates, laitues, betteraves, carottes, basilic, etc.) ;
- **légumes vivaces** (oseille, chou Daubenton, oseille-épinard, artichauts, rhubarbe, asperges, etc.) ;
- **aromatiques vivaces** (sauge, lavande, thym, romarin, livèche, fenouil, etc.) ;
- **petits fruits** : fraisiers, framboisiers, cassis, groseilles à grappes et à maquereaux, gojis, baies de mai ;
- **arbres fruitiers**.

Quand on pense « potager », ce sont les espèces annuelles qui ont la cote. Cependant, les autres types de plantes amènent de la diversité, de la beauté et sont souvent plus faciles à cultiver que les légumes annuels. Pensez également aux fleurs, pour votre plaisir, et celui de la faune sauvage !

Les bons compagnons

- Plus vous diversifiez et mélangez les cultures, moins vous aurez de maladies et plus les « ravageurs » auront du mal à s'y retrouver. Retenez simplement des **associations à éviter** : les alliacées (ail, poireaux, oignons, etc.) à côté des fabacées (haricots, fèves, pois, etc.), les choux avec les fraises, les laitues avec le persil.
- En règle générale, toutes les plantes de la **même famille** doivent être éloignées les unes des autres, comme par exemple le chou et le radis (qui font tous deux partie de la famille des brassicacées).

• Les **plantes aromatiques** sont souvent de très bonnes compagnes, leurs odeurs fortes brouillent les pistes des « ravageurs ».

• Certaines plantes jouent un rôle d'**appât** (comme la capucine, adorée des pucerons) et détournent les ravageurs de vos plantations.

Connaître chaque plante, un long apprentissage !

Chaque espèce a des besoins différents : acidité du sol, tuteurage ou palissage, luminosité, chaleur, sensibilité aux maladies. Ces besoins auront une incidence sur vos pratiques, par exemple :

• Mes fruitiers ont besoin de couvre-sol > Je plante des fraisiers en dessous.

• Mes framboisiers doivent être palissés > Je les plante le long d'un mur ou d'une clôture pour les palisser plus facilement.

• Je crains les attaques de mildiou sur mes tomates > Je veille à ne pas arroser leur feuillage.

• Mes salades ont besoin de frais en été > Je les plante sous les haricots grimpants.

Ces réflexes viendront avec l'expérience.

le retour d'expérience

Chaque année, notez la quantité récoltée pour chaque variété, vous arriverez ainsi à mieux anticiper les cultures suivantes. À vous de jouer !

VOUS VOULEZ OCCUPER BEAUCOUP D'ESPACE DÈS LA PREMIÈRE ANNÉE ?

Pensez aux cultures qui se développent vite, comme les courges, le maïs, les topinambours, les céréales.

PROJET 2 *Le calendrier de mes légumes*

Voici les dates de semis, de plantation et de récolte des principaux légumes cultivés (en supposant que vous êtes en région parisienne, ce tableau est à adapter en fonction de votre région).

Mois	J	F	M	A	M	J	J	A	S	O	N	D
Aubergines			SC	SC	SC			R	R	R		
Betteraves/ Blettes				SP	SP			R	R	R	R	
Carottes				SP	SP			R	R	R	R	
Chou pommé	R		SC	SP			R	R	R	R	R	R
Concombres			SC	SC	SC		R	R	R	R		
Courgettes				SC	SP	SP	R	R	R	R		
Épinards	R	R	SP	SP	R	R		SP	SP	SP	R	R
Haricots verts				SP	SP	SP	SP	R	R	R		
Laitue			R	SP	SP	SP	SP	R	R	R	R	R
Oignons		SP	SP	SP	R	R	R	R	R			
Petits pois		SP	SP	SP	R	R	R	R				
Poivrons/ Piments		SC	SC	SC				R	R	R	R	
Poireaux	SC	SC	SP	SP	R	R	R	R	R	R	R	R
Potiron				SC	SP				R	R	R	
Tomates		SC	SC	SC				R	R	R		

Légende : SP : Semis en place / SC : Semis au chaud / R : Récolte

PROJET 3 *Le calendrier de mes fruits et petits fruits*

Voici une liste des fruits par saison : ceux que vous pouvez récolter (R) et conserver en cave (C).

Mois	J	F	M	A	M	J	J	A	S	O	N	D
Abricots						R	R	R				
Camerises					R	R						
Cassis						R	R					
Cerises						R	R					
Coings										R	R	
Fraises						R	R	R	R			
Framboises						R	R	R	R	R		
Groseilles						R	R					
Kakis	R										R	R
Kiwis	C	C	C	C							R	C
Mûres								R	R			
Myrtilles							R	R	R			
Pêches						R	R	R	R			
Poires								R	R			
Pommes	C	C	C	C			R	R	R	R	C	C
Prunes								R	R			
Raisin								R	R	R		
Rhubarbe				R	R							

PROJET 4 Je fais travailler les micro-organismes du sol pour moi

La préparation du sol à l'automne diminue la quantité de travail à fournir au printemps, et surtout active la vie de sa faune. En donnant le gîte et le couvert aux bactéries, champignons et à la microfaune, vous bénéficiez de leur travail bénévole et indispensable pour la fertilité.

LA SOLARISATION

Si vous n'avez pas du tout de matière organique, vous pouvez utiliser la technique de la solarisation. Étalez une vieille bâche en plastique (récupérée !), idéalement noire à l'emplacement de votre potager, et laissez-la tout l'hiver. Elle va étouffer la végétation existante. En revanche, cette méthode ne permet pas d'amender votre sol, et repose sur l'utilisation du pétrole...

Méthode à suivre...

Voici une méthode qui va amender votre sol et le « désherber » pour qu'il soit prêt à accueillir des cultures au printemps. Cette technique ne perturbe ni la structure ni la vie du sol.

À l'automne, quand le sol est encore chaud :

1 Commencez par **faucher** ou **tondre** ce qui est à l'endroit de votre futur potager, puis étalez la végétation fauchée sur place.

2 **Matérialisez** vos chemins avec des bâtons ou de la ficelle.

3 Si vous en avez, couvrez vos futures planches de culture avec du **carton**. Il doit être marron, sans scotch ni colle, ni encre de couleur. Le carton n'est pas indispensable mais il est très utile : il freine la pousse des plantes spontanées, et leur cache la lumière. Il est perméable à la pluie et va nourrir la faune du sol (les vers de terre les adorent).

4 Ajoutez de la **matière organique** ! Foin, paille, feuilles mortes, broyat, compost... toute matière organique est la bienvenue. Si vous avez du compost, mettez-le entre la terre et le reste de la matière organique (qui servira de paillage et empêchera le compost de sécher).

5 Laissez la **faune** du sol travailler pour vous tout l'hiver ! Les racines des plantes mortes se décomposent et nourrissent le sol.

6 Au printemps, vous n'aurez qu'à écarter le paillage restant et planter. Votre sol sera amendé, souple, et aéré. Vous pourrez également semer directement dedans, en veillant à ce que le paillage restant ne soit pas trop grossier pour empêcher les petites graines de lever. Mieux vaudra alors creuser un sillon et ajouter un peu de terreau.

PROJET 5 *Je plante les arbres fruitiers*

À la Sainte-Catherine, tout arbre prend racine ! L'automne est le meilleur moment pour planter vos arbustes et arbres fruitiers. Si vous le pouvez, choisissez vos arbres en racines nues (après la chute des feuilles), chez un pépiniériste local : c'est avant tout l'état de son système racinaire qui vous indique la qualité de l'arbre.

Je choisis mes arbres

Un arbre fruitier est généralement constitué d'un **porte-greffe** (le système racinaire) et de la **variété greffée** dessus (partie aérienne).

Choisissez de préférence un **arbre jeune** (par exemple un scion, arbre greffé avec un an de végétation) qui sera plus facile à transporter, à planter et reprendra plus facilement qu'un arbre plus âgé. Vous pourrez aussi lui donner la forme que vous souhaitez en le taillant (ou pas, si vous souhaitez laisser sa forme libre).

La **variété**, c'est avant tout le goût ! Les plus connues sont par exemple l'abricot Bergeron, la cerise Burlat ou la pomme Reine des Reinettes mais n'hésitez pas à sortir des sentiers battus et rechercher des variétés moins répandues.

Les variétés font partie de notre patrimoine culturel, en choisissant des variétés locales, vous contribuez à les sauvegarder et êtes sûr que la variété est adaptée à votre terroir.

LE PORTE-GREFFE : UN PILIER

Du porte-greffe dépendent :
- la vigueur de votre arbre (sa taille et sa vitalité) ;
- sa mise à fruit (le temps qu'il mettra pour fructifier, généralement les arbres plus vigoureux ont une mise à fruit plus longue mais ont une plus grande espérance de vie et produisent donc plus longtemps) ;
- l'adaptation à votre sol : s'il est calcaire, sableux, lourd, sec, mal drainé, etc.

Je plante mes arbres

1 Creusez un trou d'environ 50 cm de diamètre (en fonction de la taille de vos racines). Essayez de dissocier la couche de terre arable et la terre plus profonde.

2 Pralinez les racines de votre arbre (retaillez éventuellement les racines abîmées ou trop longues, on appelle ça « l'habillage »).

3 Plantez-le, en remettant en premier la terre la plus profonde, puis la couche arable. Veillez à bien dégager le collet (la base du tronc de l'arbre) pour éviter les maladies. Le point de greffe (au-dessus du collet) doit aussi être bien dégagé. Les racines ne doivent pas remonter vers le haut : tirez légèrement sur le tronc de l'arbre (vers le haut) après avoir fini de planter pour vous assurer qu'elles ne remontent pas.

4 Sauf si votre sol a tendance à être hydromorphe (mal drainé, engorgé d'eau), formez une cuvette autour de votre arbre pour faire infiltrer un maximum d'eau lors des pluies et de l'arrosage.

5 Tassez légèrement le sol (la terre doit adhérer aux racines mais rester aérée), et arrosez abondamment.

6 Si vous en avez, ajoutez une pelletée de compost.

7 Une épaisse couche de paillage, quelques arrosages les premiers étés, et votre arbre aura toutes les chances de bien démarrer dans la vie !

ÉCHELONNEZ LES RÉCOLTES !

Cultivez des variétés qui produisent en différé pour une période de récolte la plus étendue possible et une conservation longue. Ainsi, en choisissant bien la variété de vos pommiers (des plus précoces aux meilleures pommes de garde), vous pourrez manger des pommes presque toute l'année.

BREAD

ÉTAPE 3

Au printemps, je lance les plantations

Maintenant que vous avez tout mis en place, place aux cultures. Deux mots d'ordre pour une culture facile et plaisante : polyculture et biodiversité.

Exit, la monoculture !

Pour plus de résilience et de beauté, il est essentiel de diversifier vos cultures au maximum. La polyculture réduit la pression exercée par les insectes et maladies qui peuvent devenir « ravageurs » quand le buffet qui leur est offert est à volonté.

Cette biodiversité cultivée doit faire écho à la biodiversité sauvage (faune et flore) que nous avons le devoir de protéger, alors qu'elle disparaît à vue d'œil.

LE JEU DES 7 FAMILLES

Reliez chaque espèce cultivée à sa famille botanique :

Alliacées ☐	☐ Fève
Apiacées ☐	☐ Aubergine
Brassicacées ☐	☐ Navet
Cucurbitacées ☐	☐ Carotte
Fabacées ☐	☐ Framboisier
Solanacées ☐	☐ Oignon
Rosacées ☐	☐ Prunier
	☐ Poireau
	☐ Haricots verts
	☐ Tomate
	☐ Concombre
	☐ Poivron
	☐ Courgette

Réponses p. 62

REDÉCOUVREZ AUSSI LA CUEILLETTE

Au détour d'une promenade, observez les plantes environnantes, quelle que soit la saison, vous trouverez sûrement de quoi grignoter en chemin (si vous êtes sûr de l'identification bien évidemment) : cynorrhodons (fruits de l'églantier) en hiver, jeunes pousses d'ortie au printemps, prunes sauvages en été, mûres en automne... et bien d'autres si vous êtes attentif.

PROJET I *Je sème, je plante*

Certaines espèces doivent être semées au chaud (tomates, poivrons, aubergines, courgettes…) contrairement à d'autres qui se sèment directement en place.

La faculté germinative (période pendant laquelle la graine a la capacité de germer) est très variable d'une espèce à l'autre. Elle dépend de l'espèce et des conditions de conservation (température, hygrométrie, lumière).

Dans quel contenant ?

Vous pouvez semer :

• **en terrine**. Cela demandera un repiquage avant de pouvoir planter mais vous fera gagner de la place au début.

• **en godets**. Ils peuvent être en plastique (pensez à les réutiliser !), ou en matériaux organiques comme la tourbe. Vous pouvez aussi réutiliser des contenants que vous auriez jetés comme des pots de yaourt. Les anciens rouleaux de papier toilette et les boîtes d'œufs font également de bons godets.

• **en motte**. L'utilisation d'un presse-motte vous permet de créer une motte très dense, dans laquelle la plante pourra bien s'enraciner et aura besoin de moins d'arrosage. Si vous commencez vos semis en intérieur (par exemple pour des tomates), il peut être très intéressant de semer dans de très petites mottes pour économiser de la place en intérieur, puis de les rempoter dans une motte plus grande quand les racines commencent à sortir de la petite motte initiale.

QUAND SEMER ?

Les dates indiquées par les semenciers sont généralement indiquées pour un semis dans le centre, en région parisienne. Si vous habitez :

• dans l'Est, différez votre semis de 2 semaines environ ;

• sur le littoral ouest, pour pouvez avancer votre semis d'environ 3 semaines ;

• dans le sud de la France, vous pouvez gagner 1 voire 2 mois par rapport aux dates de référence.

Avant la plantation

Pour planter en pleine terre, trempez chaque godet ou motte en les immergeant pour qu'ils s'imbibent d'eau. Paillez bien (en évitant les paillis trop carbonés pour ne pas trop ralentir la croissance), et le tour est joué !

Je sème directement en terre

Veillez à former un joli lit de semis : désherbez la zone et émiettez la terre en surface. Elle doit être bien nivelée pour que l'arrosage soit bien réparti.

Il existe plusieurs façons de semer en pleine terre, à choisir en fonction du type de plante à semer, de la surface à semer :

• **Le semis à la volée** (épinards, mâche, céréales) : un jour sans vent, paume face au ciel, en faisant des larges ouvertures vers l'extérieur avec le bras. Si vous semez un mélange de semences, veillez à les brasser régulièrement car les graines les plus lourdes vont avoir tendance à rester au fond du sac. Vous pouvez mélanger les graines avec du sable afin que le semis soit plus homogène. Essayez d'être le plus régulier possible. Ratissez très délicatement pour ne pas regrouper les graines entre elles. Tassez et arrosez.

• **Le semis en ligne** (carottes, radis) : creusez un sillon, déposez les graines puis refermez le sillon.

• **Le semis en poquets** (haricots, courges) : dans le même trou, posez 3 ou 4 graines les unes à côté des autres.

INTÉRIEUR-EXTÉRIEUR : BESOIN D'ACCLIMATATION

Il est essentiel d'acclimater votre plante avant de la planter en pleine terre (si vous l'avez fait grandir en intérieur). Le plus important est de l'habituer à la lumière car son feuillage risque de brûler si elle passe directement en extérieur. Cela l'habitue aussi à une hygrométrie et une température différentes.

PROJET 2 Je cultive à la verticale

Pour tirer le meilleur parti de chaque centimètre carré de terre, cultivez en 3 dimensions et boostez votre productivité !

Comment faire grimper ?

Les systèmes de tuteurage et palissage sont nombreux :

- le long d'un mur (idéal pour les gojis et les framboisiers) ;
- tuteurs et tipis en bambou, en noisetier ;
- grillages, fers à béton pour cultiver les poivrons et tomates en « cage » ;
- arceaux de serre ;
- poulailler, garage ;
- lianes (*Schisandra sinensis*, kiwis, kiwaïs, akebias, vignes) qui s'épanouissent sur une tonnelle, ou un bâtiment.

La milpa, une association millénaire en 3 dimensions

Aussi appelée « Les 3 Sœurs », cette culture traditionnelle du Mexique allie trois espèces qui s'entraident : la courge, le maïs et le haricot grimpant.

Commencez par semer le maïs. Quand il atteint environ 30 cm, semez des graines de courge et de haricots autour.

- Le **maïs** sert de tuteur aux haricots.
- Les **haricots**, qui font partie de la famille des fabacées, vont fixer l'azote atmosphérique dans le sol. Ils prennent peu de place et grimpent sur le maïs.
- Les **courges** couvrent le sol, servant de paillis vivant et limitent l'évaporation.

La gestion du temps fait la réussite de cette association : il faut attendre que le maïs soit assez grand pour planter ses deux compères.

En plus, ces trois plantes se complètent parfaitement d'un point de vue nutritionnel !

ATTENTION !
Anticipez le poids des fruits dans la mise en place de votre support, il ne devra pas s'écrouler sous l'abondance de tomates ou de courges !
Sous les zones d'ombre créées par ces grimpantes, plantez des espèces aimant les climats plus frais, comme la laitue, la coriandre ou les épinards.

PROJET 3 *Je diversifie et mélange mes légumes*

Au jardin comme ailleurs, la diversité est source d'équilibre.

On a tout à y gagner...

Les avantages de mélanger vos cultures et de diversifier au maximum sont nombreux :

- les systèmes racinaires différents de chaque plante vont chercher eau et nutriments à des endroits variés ;
- les maladies et ravageurs ont beaucoup plus de mal à progresser ;
- certaines cultures grimpantes apportent de l'ombre à d'autres qui apprécient.

Des arbres au-dessus des légumes

Puits de carbone, les arbres apportent de l'ombre, gardent l'humidité, produisent de la biomasse (feuilles, bois, souvent des fleurs et des fruits). Leur rôle de brise-vent en font aussi des alliés de vos légumes, et leur aspect ornemental embellit votre jardin. À l'heure du changement climatique, il est urgent d'en planter !

Connaître les grandes familles de légumes

Pour organiser vos planches de culture, il est important de connaître leur famille botanique, car :

- les maladies sont souvent partagées entre espèces de la même famille ;
- il faut éviter de cultiver une espèce de la même famille que celle de la culture précédente.

Exercice

Définissez l'association de 3 espèces pour une planche de culture (en vous aidant aussi des associations à éviter p. 22)

LES PRINCIPALES FAMILLES DES LÉGUMES

Alliacées : ail, ciboulette, échalote, oignon, poireau
Apiacées : carotte, panais, céleri, cerfeuil, persil, fenouil
Astéracées : artichaut, cardon, chicorée, laitue, salsifi, scorsonère, topinambour
Brassicacées : choux, cresson, navet, radis
Chénopodiacées : betterave, épinard, blette
Cucurbitacées : concombre, courge, potiron, melon, courgette
Fabacées : fève, haricot, lentille, pois
Solanacées : aubergine, pomme de terre, tomate, piment, poivron
Rosacées : fraisier, framboisier, majorité des fruitiers

LES PLANTES SPÉCIALES PUCERONS !

Plantez des **fèves** et des **artichauts**, qui en plus de vous donner des récoltes ont le mérite d'attirer de nombreux pucerons. Pourquoi ? Ces pucerons attirent leurs prédateurs tôt en saison, qui seront prêts à accueillir les pucerons de vos plantes plus tardives. Les **capucines** les attirent également et les détournent de vos plantations.

PROJET 4 *Je mise sur les plantes vivaces*

Chaque année plus productives, les plantes vivaces demandent très peu d'entretien : un peu d'arrosage et de désherbage, surtout les premières années, puis en grande majorité un temps de récolte !

Camérisier

Arbres fruitiers

Champions de la productivité à long terme, les fruitiers produisent des fruits pendant des décennies, abritent la faune, offrent pollen et nectar aux pollinisateurs, créent de la biomasse, peuvent servir de brise-vent, apportent de l'ombre…

À leur pied, plantez des Alliacées, des aromatiques, des fleurs, des arbustes pour créer des guildes (voir encadré). En plus des traditionnels pruniers, pommiers ou poiriers, pensez aux néfliers, arbousiers, plaqueminiers (kakis), azéroliers, amélanchiers, feijoas, asiminiers, abricots, prunes, nashis, etc. qui ouvrent une nouvelle palette de saveurs et de textures.

Je cultive des petits fruits

Régal pour petits et grands, les petits fruits se picorent directement sur l'arbuste ou se transforment en douceurs cuisinées. Ils demandent généralement quelques désherbages et arrosages au début. Au bout de quelques années, le travail le plus long sera de récolter !

- Certains doivent être **palissés** comme les ronces, framboisiers, gojis, loganberry et tayberry (qui sont des hybrides de mûre et de framboise).
- D'autres ont des formes **arbustives** comme les groseilliers à grappes, les cassis, les groseilliers à maquereau.
- Les fraisiers sont d'excellents **couvre-sols**. Ils adorent un paillage de broyat de bois. Multipliez simplement en enterrant leurs stolons, puis en les déplaçant quand ils sont racinés.

QU'EST-CE QU'UNE GUILDE ?

Très utilisée en permaculture, une guilde consiste à créer une association vertueuse entre des plantes, en s'inspirant de ce qui se passe dans la nature, où l'on trouve beaucoup de coopération entre les êtres vivants. Autour d'un arbre fruitier, vous pouvez ainsi planter des arbustes, des herbacées, des racines, des lianes. Les plantes se soutiennent mutuellement vis-à-vis du vent, du soleil, de l'eau, des nutriments.

Je tente les petits fruits originaux

Sortez des sentiers battus et découvrez de nouvelles espèces comme les argousiers (aux fruits acides et très riches en vitamine C), les ragouminiers (aussi appelés cerisiers de Nankin), les aubépines cultivées, les azéroliers, les baies de mai (camérisiers), ou les casseilles (hybrides de cassis et groseillier à maquereau).

UN PETIT FRUIT QUI N'EST PAS VIVACE MAIS MÉRITE LE DÉTOUR

Le physalis, qui est annuel, facile de culture, au sublime parfum exotique et très prolifique.

Je cultive des légumes vivaces

• Les **artichauts** sont très productifs (surtout à partir de la deuxième année) et leurs plants produisent facilement 5 ans. À partir de la deuxième année, vous pouvez les diviser en récupérant les œilletons (nouvelles pousses issues du pied-mère) à l'automne. Veillez à bien prélever des racines quand vous les séparez à l'aide d'une bêche plate bien tranchante.

• Une plantation d'**asperges** peut durer plus de 15 ans. En revanche, il vous faudra un peu de patience car les deux premières années, il faut laisser à l'aspergeraie le temps de bien s'établir et d'emmagasiner des réserves. La récolte commence donc la troisième année.

• L'**oseille** est de culture facile, son goût acidulé se marie à merveille avec des œufs brouillés. Si l'acidité vous déplaît, tournez-vous vers son cousin, l'épinard perpétuel *(Rumex patientia)*, au goût plus proche de l'épinard.

• Le **raifort** est très facile à cultiver et très vigoureux. C'est un moyen de produire soi-même son condiment et de relever les plats. Attention, ça pique !

• Les **tubercules** comme l'hélianthi (un délice, cru avec de l'huile d'olive et de la fleur de sel), le topinambour, les crosnes, le yacon (poire de terre) sont des champions de l'occupation de l'espace et chaque tubercule laissé en terre repartira l'année suivante. On peut voir ça comme un inconvénient, ou un avantage !

Je mise sur les aromatiques vivaces

De nombreuses aromatiques sont vivaces et demandent très peu d'attention : sauge, romarin, thym, menthe, monarde, hysope, lavande, livèche, sarriette, ciboulette, etc.

ÉTAPE 4

J'entretiens mon potager

La vie de jardinier est faite de surprises, des bonnes, comme découvrir soudain un concombre en soulevant une feuille, et des moins bonnes, comme se rendre compte qu'un voisin campagnol adore nos betteraves.

Un passage régulier dans votre potager est la meilleure façon d'éviter les problèmes. Si vous prenez l'habitude de déambuler dans vos allées chaque jour (n'est-ce pas un merveilleux endroit pour le café du matin ?) vous éviterez à coup sûr de nombreux problèmes.

QUIZZ

Classez ces paillis et matières organiques en fonction de leur ratio C/N (carbone/ azote), en commençant par les plus azotés :

Foin

Sang séché

Feuilles mortes

Tonte de gazon

Copeaux de bois (broyat)

Fumier pailleux de cheval

Paille

Réponses p. 62

PROJET I *Je couvre mon sol*

Si elle reste nue, la terre s'appauvrit et s'érode. Le paillage agit comme une peau, protège le sol des rayons brûlants du soleil et du vent, nourrit ses habitants et empêche l'eau précieuse de s'évaporer.

LES LIMACES ET LES ESCARGOTS AUSSI ADORENT VOTRE PAILLAGE !

Comment limiter leur impact ?
- Posez une **planche de bois** qui leur servira d'abri : vous n'avez plus qu'à les ramasser régulièrement.
- Les canards peuvent les manger. Choisissez une race active comme le **coureur indien** ou le Khaki Campbell qui ont tous deux l'avantage de pondre beaucoup d'œufs gros et délicieux. Attention, leur accès au potager doit se faire sous surveillance, sous peine de se retrouver avec plus de dégâts que ceux occasionnés par les gastéropodes.
- La solution la plus durable est de favoriser la présence de leurs **prédateurs** : hérissons, carabes, crapauds, oiseaux sont autant d'alliés à encourager.

Les avantages du paillage

- Il **limite le désherbage** en occupant le sol : les plantes spontanées sont beaucoup moins nombreuses et plus faciles à enlever grâce à la souplesse du paillis.
- Il **limite les arrosages** en bloquant l'évaporation et en captant l'eau d'arrosage (qui ne peut pas ruisseler comme sur une terre nue).
- Il **protège le sol** contre les brûlures du soleil, le lessivage des pluies, le gel, le vent, a une action « tampon » contre les températures extrêmes.
- Il **nourrit** et protège la faune du sol.

Quels matériaux utiliser ?

Toute matière organique est bonne à prendre. Elle doit être non polluée (évitez les matériaux à proximité de routes très fréquentées ou de champs de céréales cultivés en conventionnel par exemple).

La matière la plus appropriée est celle qui est la **plus proche de chez vous !** Pensez à contacter des élagueurs ou paysagistes qui sont souvent ravis de se débarrasser des tailles d'arbustes ou tontes de gazon.

- Les **tontes de gazon**, en faible épaisseur.
- Le **compost** : fait maison ou acheté en plateforme de compostage. Cet amendement apporte les nutriments nécessaires à la croissance des plantes. À recouvrir impérativement pour qu'il ne se dessèche pas.
- La **paille**, le **foin**.
- Les **feuilles mortes**.
- Le **broyat**, idéalement du BRF (bois raméal fragmenté de jeunes rameaux). Le meilleur vient des feuillus mais vous pouvez aussi utiliser (en mélange uniquement, ne pas dépasser 20 %) des aiguilles de résineux et des essences fortement aromatiques.

• Vous pouvez aussi acheter des **paillis** dans le commerce si vous n'avez aucune source de paillis à proximité. Les paillettes de lin ou de chanvre sont très pratiques et faciles à poser au sol. Les cosses de sarrasin sont très légères et ont l'avantage de ne pas freiner la germination des graines si la couche est fine.

Je cultive mon paillis

Pourquoi ne pas anticiper vos besoins de matière organique et planter une ressource directement chez vous ? Les bons candidats : le miscanthus, la consoude, divers feuillages d'arbres, des roseaux, des rameaux issus de tailles, etc. Vous pourrez les disposer directement sur le sol ou les broyer (avec un hache-paille manuel ou un broyeur électrique ou thermique).

Les inconvénients du paillage à prendre en compte

• Il sert d'abri à beaucoup de monde… dont les limaces, les escargots et les campagnols qui peuvent s'y cacher en grignotant nos cultures.

• Au printemps, il peut ralentir le réchauffement de la terre.

RICHE EN CARBONE

Paille

Feuilles mortes

Copeaux de bois

BRF

Sciure…

RICHE EN AZOTE

Compost

Fumier

Tontes de gazon…

Voir p. 19

PROJET 2 Je limite le travail du sol

Pour être fertile, le sol a besoin d'air et de souplesse. Comment l'aérer sans trop bouleverser ses habitants ?

LA MINÉRALISATION

Quand on retourne le sol, on y amène de l'oxygène d'un seul coup. Cela provoque la minéralisation de la matière organique : les éléments nutritifs sont libérés et disponibles pour les plantes. C'est donc intéressant immédiatement pour les cultures (encore faut-il que des cultures soient tout de suite mises en place), mais sur le long terme, cela provoque une perte de la matière organique et de la fertilité qui peut être très rapide. Ces nutriments non utilisés sont lessivés et vont tout droit vers les nappes phréatiques, entraînant la pollution des eaux.

Je ne retourne pas le sol

Le bêchage mélange les différents horizons du sol : la terre riche en oxygène et fertile se retrouve mélangée à la terre plus profonde moins riche en oxygène. La faune du sol est différente entre ces différentes strates, et on en détruit une grande partie en bêchant, labourant ou passant le motoculteur.

Si la terre initiale de votre pelouse est très compacte, vous pouvez procéder à un léger bêchage initial la première année. Ensuite, un bon paillage sera plus utile et vous ferez travailler la faune du sol pour vous.

J'utilise une grelinette

La grelinette (aussi appelée aérobêche par certains) est une large fourche avec deux manches. Une triandine (fourche-bêche) peut aussi être utilisée à la façon d'une grelinette si vous ne souhaitez pas investir dans cet outil relativement coûteux.

Il existe aussi la campagnole, une sorte de grelinette permettant de casser les mottes. Cet outil perturbe un peu plus la vie du sol qu'une grelinette mais reste tout à fait raisonnable et facilite grandement la préparation du sol, notamment avant un repiquage ou un semis.

Quelques règles d'or

- N'enterrez jamais de matière organique.
- Évitez de marcher sur les cultures et préférez les chemins.
- Évitez de marcher sur le sol (*a fortiori* avec un motoculteur) après une pluie, pour éviter des anaérobioses (manque d'oxygène dû au compactage du sol).
- Paillez, encore et toujours !

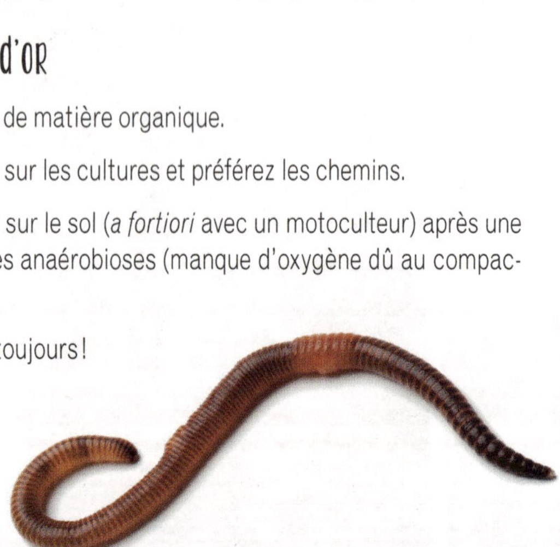

PROJET 3 *J'optimise l'arrosage*

L'arrosage dépend de votre type de sol, des plantes que vous cultivez et de votre climat. Premier réflexe, un bon paillage, on ne le répétera jamais assez !

Je sélectionne mes plantes...

...en fonction de leurs besoins en eau et de l'eau dont je dispose !

Les **radis** ont besoin d'eau, sans elle ils deviennent fibreux et piquants.

Les **concombres** et **pastèques** sont également de grands consommateurs d'eau.

Les **alliacées** (ail, oignon, échalotes) et les **pommes de terre** sont très sobres en eau.

Un arrosage efficace

Mieux vaut des arrosages moins fréquents mais conséquents.

Le matin ou le soir ? Un arrosage tard le **soir** est plus efficace car il limite l'évaporation et l'eau a le temps de bien s'infiltrer. En revanche, deux cas doivent vous inciter à arroser plutôt le **matin** :

- Si vous avez des limaces et des escargots, qui adorent l'humidité nocturne.
- Si les nuits sont fraîches et que vous craignez des gelées.

Si vous avez une grande surface de potager et/ou que vous voulez automatiser l'arrosage, vous pouvez investir dans du **goutte-à-goutte**, qui permet d'utiliser l'eau de façon très efficace.

Les bons réflexes

Choisissez une eau tempérée, idéalement une eau de pluie récupérée (évitez celle du robinet).

Arrosez avec la pomme de l'arrosoir ou la lance du tuyau en pluie fine pour éviter de tasser le sol et le ruissellement de l'eau.

JE LIMITE LES MALADIES CRYPTOGAMIQUES

Pour limiter l'apparition des maladies fongiques, arrosez bien la plante **au pied sans mouiller son feuillage** :

- Les cucurbitacées (courges, melons, concombres, pastèques, courgettes) sont sensibles à l'**oïdium** (aussi appelé « maladie du blanc »).
- Les tomates sont sensibles au **mildiou** et à la **pourriture grise** (ainsi qu'à l'oïdium).

PAS DE CROISSANCE SANS EAU

L'eau est indispensable à la croissance des végétaux : c'est elle qui permet à la cellule du végétal de s'allonger, c'est ce qu'on appelle la pression de turgescence.

PROJET 4 Je fais des extraits fermentés

Aussi appelés purins, les extraits fermentés donnent un coup de pouce aux plantes, soit en les renforçant, soit en éloignant certains « ravageurs ».

Consoule

D'AUTRES PURINS INTÉRESSANTS

- L'ail (*Allium sativum*) en macération huileuse, contre les maladies cryptogamiques. Il aiderait aussi à repousser les chevreuils et mulots.
- L'armoise (*Artemisia vulgaris*) en décoction contre les fourmis, les acariens, les altises.
- La tanaisie (*Tanacetum vulgare*), contre la mouche du chou, les pucerons, les noctuelles.
- La rhubarbe (*Rheum rhaponticum*), répulsif antilimaces, pucerons et chenilles.

Le trio populaire des purins

Les trois plantes les plus utilisées et reconnues sont :

- l'ortie (toutes les espèces d'ortie), riche en azote, améliore la croissance et la résistance des plantes ;
- la consoude (*Symphytum officinale*), riche en potasse et en bore, contribue à épaissir la cuticule et donc à mieux protéger les feuilles ;
- et la prêle, aux vertus reminéralisantes. Riche en minéraux, notamment la silice, l'extrait fermenté contribue à renforcer les parois cellulaires de la plante, l'aidant à mieux résister aux champignons (maladies cryptogamiques). La prêle étant particulièrement ligneuse, une décoction (en passant par une phase d'ébullition) permettra d'en retirer encore plus de silice qu'un extrait fermenté.

La fabrication d'un purin

Quelle que soit la plante utilisée, c'est toujours le même principe de préparation qui est utilisé : des plantes fraîches sont mises à fermenter dans de l'eau (avec aération), puis on filtre le mélange.

Pour vérifier si l'extrait fermenté est prêt, mettez-en dans un verre : si de l'écume reste dans le verre, la fermentation n'est pas finie. Si l'écume apparaît puis disparaît, votre extrait fermenté est prêt !

En pulvérisation, ajoutez 3 % de savon noir (tensio-actif), pour mieux « accrocher » aux parties aériennes de la plante.

Prêle

RECETTE DU PURIN D'ORTIE

1. Dans un seau en plastique (pas de métal), tassez des orties fraîchement coupées.

2. Ajoutez de l'eau de pluie (10 litres pour 1 kg de plantes fraîches) et laissez à l'air libre (à l'ombre), en mélangeant tous les jours pour aérer. Des bulles vont se former : c'est la fermentation qui démarre.

3. L'extrait fermenté est prêt lorsqu'il n'y a plus de bulles : la fermentation est terminée. Filtrez (utilisez les plantes résiduelles au compost ou en paillage), versez la préparation dans un bidon fermé, stocké à l'abri de la lumière et au frais.

4. Utilisez rapidement (dans la semaine) dilué dans de l'eau de pluie, à 1/50 en aspersion foliaire et 1/20 en arrosage au sol.

PROJET 5 *Je nourris la terre pour nourrir les plantes*

C'est l'un des grands principes du jardinage sur sol vivant : seul un sol plein de vie, avec une bonne structure, sera capable de produire des végétaux bons et nutritifs. Pour cela, il faut le nourrir !

Je fais mon compost

Le compost nourrit le sol et le rend plus fertile sur le long terme, en apportant des nutriments mais aussi en améliorant sa structure.

Pour commencer, l'idéal est d'avoir trois composteurs de 1 m^3 : un tas que vous alimentez, un tas de maturation (en cours de compostage) et un tas prêt à être utilisé au jardin.

Déposez tous vos déchets organiques (pas de viande, ni de produits laitiers, ni d'agrumes). Lorsque le tas «frais» est plein, retournez-le sur l'emplacement du tas de maturation (que vous aurez retourné sur le tas du compost mûr).

Une règle de base

Il faut respecter le ratio carbone/azote (C/N).

Dans la pratique, on peut veiller à simplement mélanger :

- Les éléments azotés (verts, tendres et humides) comme les épluchures de fruits, les restes de légumes et tontes de gazon, le fumier d'origine animale.
- Les éléments carbonés (bruns, ligneux et secs) comme les feuilles mortes, la paille, les branches broyées, le papier, le carton.

Retournez votre compost tous les mois pour apporter de l'oxygène aux micro-organismes et booster le compostage.

L'**humidité** doit rester aux alentours de 50-60 %. Elle est essentielle pour l'activité des micro-organismes. Couvrez le tas avec une bâche pour éviter qu'il ne se dessèche ou soit lessivé par les pluies.

Dans les bonnes conditions (azote, carbone, aération et bonne humidité), les micro-organismes fonctionnent à plein régime, ce qui provoque une montée en température, qui atteint 80 °C, détruisant pathogènes éventuels et spores de champignons.

Je sème des engrais verts

Les engrais verts monopolisent une planche de culture pendant un petit moment mais la régénèrent et entretiennent sa fertilité. Ce paillage vivant offre de nombreux avantages :

• il offre tous les avantages d'un paillis « mort » ;

• il abrite une faune variée ;

• il crée une biomasse importante et apporte de la matière organique au sol (et des éléments minéraux) ;

• il donne de la structure au sol. Ses racines retiennent le sol, l'aèrent et permettent à l'eau de mieux s'infiltrer.

On sème les engrais verts comme une culture classique, souvent à la volée. Avant la floraison, on les broie sur place en laissant les racines en terre pour qu'elles contribuent à ameublir et enrichir le sol en se décomposant.

Sarrasin

Phacélie

Quel engrais vert choisir ?

Tenez compte de :

• Sa **famille botanique** (brassicacées, graminées, fabacées). Choisir des familles éloignées des cultures que vous implanterez ensuite permet de casser le cycle des maladies et ravageurs. Pour cela, la phacélie et le sarrasin sont très utiles car ces espèces sont d'une famille différente des espèces cultivées. Évitez aussi les fabacées avant d'autres fabacées et des alliacées (ail, oignon, échalotes, poireaux...). Les fabacées (légumineuses) apportent de l'azote au sol. Les poacées (graminées) apportent de la biomasse (carbone et potasse).

• S'il est **gélif** : un engrais vert gélif sera beaucoup plus facile à détruire. À l'inverse, d'autres peuvent devenir envahissants, comme la luzerne.

• Du **pH de votre sol**. Sarrasin et lupin se plaisent en sols acides, la luzerne préfère les sols calcaires.

LES PROBLÈMES FRÉQUENTS

• Votre tas de compost sent mauvais ?
Il manque probablement de carbone. Il peut aussi être trop humide et mal aéré.
• Il ne monte pas en température ?
Ajoutez des matières azotées (et de l'eau s'il est trop sec).

ÉTAPE 5
Je profite des récoltes

Le moment bien mérité des récoltes arrive enfin. Que faire de toute cette abondance ? Comment bien les conserver ?

Pas de gaspillage

Quand on a mis tant d'énergie et d'implication pour faire pousser ses légumes, pas question de les voir finir à la poubelle, ni même au compost !

QUIZZ

SAVEZ-VOUS CONSERVER VOS LÉGUMES ?

a) Une tomate verte est forcément immature. ☐ Vrai ☐ Faux

b) Pour pratiquer la lactofermentation, il faut trouver le bon ferment dans le commerce. ☐ Vrai ☐ Faux

c) Pour conserver mes abricots, je peux les :

Lactofermenter ☐ Vrai ☐ Faux

Déshydrater ☐ Vrai ☐ Faux

Congeler ☐ Vrai ☐ Faux

Faire des conserves ☐ Vrai ☐ Faux

d) Cochez les aliments pouvant se garder tout l'hiver :

☐ Tomates ☐ Courges ☐ Haricots secs ☐ Haricots verts

Réponses p. 62

PENSEZ AUSSI AUX RÉCOLTES D'HIVER

Les récoltes d'un potager évoquent les tomates et les aubergines en plein été. C'est bien sûr fréquent, mais il est aussi possible de faire des récoltes conséquentes en hiver, par exemple : claytone de Cuba, mâche, épinards, roquette, légumes asiatiques, topinambours, navets.

PROJET I *Je récolte au bon moment*

Il n'est pas toujours évident de connaître le bon moment pour récolter ses légumes. Consommez-les dès la cueillette pour profiter au maximum de leurs nutriments.

À quel moment récolter ?

Les **laitues** : ne tardez pas trop pour les cueillir… si vous voyez une laitue pommée monter en graines, cueillez-la vite.

Cueillez les feuilles des **laitues à couper** régulièrement, le cœur en produira régulièrement des nouvelles.

Certains légumes sont meilleurs récoltés **jeunes** : les concombres, courgettes et aubergines produisent des graines trop dures à maturité.

D'autres légumes demandent une **récolte assidue et continue** : les haricots verts, pois, cornichons exigent un suivi régulier pour être cueillis au bon moment.

Récoltez les **haricots secs** quand les gousses sèchent.

Récoltez les **tomates** quand elles ramollissent un peu sous la pression des doigts.

Récoltez les **melons** lorsque leur pédoncule commence à se décoller légèrement.

Laissez bien sécher les parties aériennes des **pommes de terre** avant de les récolter pour qu'elles se conservent mieux.

ET LES FÈVES ?

Avant de récolter les **fèves** fraîches, assurez-vous que les gousses sont bien pleines. Vous pouvez aussi les laisser sur pied pour les manger sèches (en les faisant tremper avant de les cuisiner).

J'apprends à bien stocker mes récoltes

Chaque espèce a ses préférences de conservation : au chaud, au sec, au frais… Surveillez régulièrement pour enlever les produits abîmés et ne pas contaminer les autres.

Conservation des légumes

Courges d'hiver et haricots secs : **au chaud et au sec**, le salon est idéal pour les garder sous les yeux.

Ail : gardez-le **au frais**, mais au sec.

À conserver **en cave**, dans du sable humide : betteraves, carottes, topinambours, choux de Bruxelles sur leur tige, céleris-raves, rutabagas, navets.

Dans des **cagettes** : oignons (ou tressés), pommes de terre, choux.

Conservation des fruits

Pommes et poires : choisissez des variétés de pommes de conservation, que vous pourrez garder longtemps. Gardez-les dans des cagettes, sur une seule couche, espacées les unes des autres (les pommes la tête en bas).

Conservez les **kiwis** et **kakis** en cave et sortez-les progressivement. Un séjour aux côtés de pommes les fera mûrir juste quand vous le souhaitez, car les pommes mûres dégagent de l'éthylène, un gaz qui accélère la maturation des fruits (elles sont « climactériques », tout comme les bananes).

PROJET 2 J'apprends à conserver mes récoltes

Même en planifiant bien, vous aurez des périodes fastes, et des surplus à conserver… comment éviter les gâchis ? Utilisez toujours des légumes très frais et soigneusement lavés.

RECETTE DE LA CHOUCROUTE, UN CHOU LACTOFERMENTÉ

Bien laver le chou, le découper en lanières. Dans un bocal (ou seau), alternez des couches bien tassées de chou et de sel (poids du sel : 2,5 % du total). Il existe des pots à choucroute traditionnels alsaciens.
Une saumure se forme avec l'eau exprimée du chou qui a dégorgé. Tassez bien pour qu'il n'y ait pas de bulles d'air. S'il manque un peu de liquide, ajoutez un peu d'eau non chlorée.
L'air ne doit pas entrer dans la préparation, par contre le CO_2 issu de la fermentation doit pouvoir sortir du bocal. L'idéal est de pouvoir utiliser un barboteur sur votre couvercle.
Température optimale de conservation : 18°C, dure environ un mois. Plus la température est élevée, plus la fermentation est rapide.

La lactofermentation, ou comment conserver sans énergie

Technique ancestrale de conservation, la lactofermentation se déroule en l'absence d'oxygène (grâce à des bactéries lactiques naturellement présentes dans les légumes).

D'une grande simplicité, elle permet de conserver très longtemps les légumes et est très peu risquée d'un point de vue sanitaire étant donné le pH bas (acide) de la préparation. L'acide lactique présent empêche le botulisme de se développer.

De très nombreux légumes se prêtent à la lactofermentation : betteraves, carottes, concombres, cornichons, navets, radis, céleri, etc.

Utilisez du sel gris de mer sans additifs, non traité, et une eau non chlorée (en la laissant reposer quelques heures si c'est celle du réseau).

Je déshydrate mes récoltes

La déshydratation garde une grande partie des nutriments et permet une conservation longue et saine. De nombreux aliments peuvent être séchés : les herbes aromatiques, les fruits (pommes, figues, poires, abricots, raisins, physalis, fraises), les légumes (tomates, poivrons, courgettes, carottes, betteraves), ou les champignons.

Vous pouvez déshydrater vos produits :

• **à l'air libre** : pour certaines plantes aromatiques (menthe, verveine). Elles doivent être séchées dans la pénombre pour préserver leurs arômes. Vous pouvez aussi faire sécher vos tomates et fruits **au soleil** : étalez-les tranchés finement sur un grillage et rentrez-les pour la nuit.

• **au four** : réglez le thermostat très bas et mettez la chaleur tournante.

• **au déshydrateur** : il peut être solaire (passif) ou électrique.

Placez vos produits déshydratés dans des bocaux propres et secs, à l'abri de la lumière et de l'humidité.

Je fais mes conserves

Faciles et économiques, les conserves reviennent au goût du jour.

Les bocaux, joints et couvercles, doivent être absolument propres. Prenez des joints neufs à chaque fois. Ébouillantez-les puis faites-les sécher sans les essuyer.

Mettez vos légumes dans les bocaux en serrant et en laissant un vide de 2 cm environ avec le couvercle.

Placez vos bocaux dans un stérilisateur ou une Cocotte-Minute et calez-les avec des torchons (en dessous et entre les bocaux).

Comptez le temps de stérilisation à partir du moment où l'eau bout.

Chaque fruit ou légume a son propre temps de stérilisation, c'est pourquoi il est important de suivre les recettes (qui prennent en compte le pH et le taux de sucre de la préparation).

La cuisson des aliments continue pendant la stérilisation, tenez-en compte !

Conservez les bocaux dans une pièce fraîche, sèche et à l'abri de la lumière.

ÉTAPE 6

Avec les années, je gagne en expérience

Petit à petit, vous gagnez en expérience et en confiance. Vous apprenez à reconnaître les maladies, les carences et adoptez les bons réflexes.

Je continue à expérimenter

Faites un pas de plus vers l'autonomie alimentaire en élargissant vos productions, et en connaissant de mieux en mieux votre jardin.

Chaque année est différente, d'où l'importance de la polyculture : une année sera « à tomates » quand une autre sera plutôt celle des prunes et des pommes.

Avec l'expérience, vous saurez vous adapter et réagir de façon positive aux changements. Vous aurez probablement une vision plus globale et holistique, ce qui vous permettra d'anticiper les conséquences de vos actions.

L'ART DE NE PAS AGIR

Face à un problème observé, l'action est parfois plus néfaste que ne rien faire.
Ainsi, si vous observez quelques pucerons sur la plante que vous bichonnez, essayez de ne pas vous jeter sur du savon noir (ou autre substance) et d'observer. Même s'ils affaiblissent un peu la plante, quelques pucerons ne représentent pas de danger immédiat pour votre protégée. Si vous leur laissez le temps d'arriver et de repérer les lieux, les prédateurs ne devraient pas tarder à arriver, et vous verrez peut-être débarquer coccinelles, chrysopes, syrphes ou d'autres qui n'en feront qu'une bouchée.

QUIZZ

COCHEZ LES DÉCHETS QUE VOUS POUVEZ DONNER AUX POULES

a) Épluchures de pommes de terre crues ☐ Oui ☐ Non

b) Épluchures de carotte ☐ Oui ☐ Non

c) Marc de café ☐ Oui ☐ Non

d) Salade fanée ☐ Oui ☐ Non

e) Restes de viande ☐ Oui ☐ Non

f) Croûtes de fromage ☐ Oui ☐ Non

g) Peaux d'agrumes ☐ Oui ☐ Non

h) Épluchures d'oignon ☐ Oui ☐ Non

Réponses p. 62

PROJET 1 *J'observe mon jardin et apprends à le connaître*

C'est en apprenant à décrire votre environnement et en connaissant l'écosystème de votre jardin que vous gagnerez en confiance et en expérience.

Mésange bleue

Galinsoga

J'identifie une plante, une maladie, un insecte, un oiseau

Première option pour identifier un inconnu trouvé dans vos plates-bandes : vous pouvez utiliser des clés de détermination qui vous permettent de procéder par élimination, par choix successifs. Quand on n'est pas spécialiste et qu'on ne maîtrise pas le vocabulaire technique, elles peuvent être déroutantes et pas très accessibles.

Deux alternatives s'offrent alors à vous :

1 Des applications sur smartphone peuvent être très utiles : identification de plantes en prenant une photo ; reconnaissance de chants d'oiseaux.

2 Certains groupes sur les réseaux sociaux regorgent de spécialistes prêts à vous aider : rejoignez des groupes d'entomologie, d'ornithologie et de botanique.

Croisez les sources et ne suivez pas aveuglément ce qu'on vous indique !

Je tiens un carnet d'observations au jardin

Ce carnet peut contenir toute information vous semblant utile : espèces observées, rendements, maladies (avec échec ou réussite des traitements appliqués), date de semis, dates de récoltes, etc.

Chrysope

Mon carnet d'observations

PROJET 2 J'envisage de nouvelles productions

Pourquoi ne pas élargir l'éventail de vos productions, et votre plaisir avec ?

UN POULAILLER BIEN PROTÉGÉ

Le poulailler doit être bien isolé et protéger vos poules du froid, de l'humidité et de la chaleur. L'endroit le plus sale du poulailler sera situé sous les perchoirs. Placez-y un plateau amovible coulissant qui sera facile à nettoyer. Ce fumier est très riche en azote et doit être composté avec des éléments carbonés avant utilisation au jardin.
La plupart des prédateurs agissant de nuit, mieux vaut les rentrer chaque nuit et les faire sortir le matin. Si ne vous pouvez pas être là, vous pouvez installer une trappe automatique.

J'élève des poules

Trop de «déchets» issus du jardin ? Les poules sont tout indiquées pour les éliminer, et même les transformer en délicieux œufs. Elles fournissent aussi du fumier riche en azote, phosphore et potassium.

En plus d'un poulailler bien protégé, les poules ont besoin :

• de **bacs de poussière** pour qu'elles puissent prendre des «bains» et se débarrasser ainsi d'éventuels parasites (cela peut être de la cendre, du sable, de la terre sèche). Très utile contre les acariens et les parasites (notamment les poux rouges), la terre de diatomée peut être saupoudrée régulièrement sur la litière. Les feuilles de tanaisie, de noyer et de fougères, les tiges de lavande ont également des vertus antiparasitaires.

• de **grit** (sable, gravier ou calcaire par exemple). Les poules n'ayant pas (encore !) de dents, elles broient leur nourriture grâce à leur gésier.

• d'**espace** ! Un gros minimum de 10 m² par poule. Plus vous leur accorderez d'espace, moins vous aurez des problèmes sanitaires et comportementaux.

• d'**amies** : une poule ne vit pas seule, c'est un animal grégaire qui a besoin de compagnons de la même espèce. Un coq n'est pas nécessaire pour avoir des œufs, en revanche il le sera si vous souhaitez des poussins. À éviter en ville si vous voulez rester en bons termes avec vos voisins...

Vous pouvez utiliser vos poules dans la préparation de votre terrain en les laissant gambader là où vous souhaitez qu'elles grattent le sol.

Je cultive des champignons

Si vous avez un endroit très ombragé (ou une cave), c'est probablement un endroit parfait pour cultiver des champignons.

Ils peuvent être cultivés :

• sur **paille** ou **marc de café** (ou autre matière organique). Vous pouvez les inoculer vous-même (cela demande quelques apprentissages techniques) ou les acheter déjà préparés (dans ce cas, il y a juste à vérifier l'hygrométrie et attendre la récolte). Cette technique est très adaptée aux champignons de Paris, différentes espèces de pleurotes et aux shiitakés.

• avec des **chevilles inoculées** à introduire dans des billots de bois coupés assez récemment (environ 3 mois). C'est particulièrement adapté aux pleurotes et aux shiitakés. Pensez à vérifier que l'essence de bois est bien compatible avec votre espèce de champignon.

Je me mets au vermicompostage

Aussi appelé lombricompostage, il peut être effectué en intérieur ou en extérieur. Les vers rouges du fumier produisent un amendement exceptionnel. Il va améliorer la structure du sol, apporter des nutriments et stimuler les micro-organismes.

Vous trouverez des vers dans des tas de fumier en extérieur. Si vous n'en trouvez pas, il existe des sites de dons de vers.

Les vers consomment chaque jour la moitié de leur poids en nourriture. Donnez-leur des épluchures de cuisine (légumes, fruits), des coquilles d'œufs écrasées, du marc de café, des feuilles de thé.

PROJET 3 *Je donne un coup de pouce aux insectes*

La protection des insectes est urgente, en les invitant chez vous, vous les encouragez à se reproduire et bénéficiez de leurs précieux services en même temps : pollinisation, régulation des populations (insectes « auxiliaires »), nourriture pour la faune, etc.

J'invite les pollinisateurs

Près de 70 % des plantes alimentaires cultivées dépendent des pollinisateurs, qui sont divers et variés : osmies, bourdons, abeilles charpentières, syrphes, papillons… et bien sûr les abeilles domestiques.

Un mot d'ordre pour attirer les pollinisateurs : des fleurs partout ! Sauvages ou cultivées, peu importe, certaines fleurs offrent du nectar, d'autres du pollen, d'autres les deux. Gardez des espaces sauvages et fauchez tardivement.

Les **apiacées** (ombellifères) sont particulièrement attirantes pour les insectes : laissez vos fenouils, carottes et panais monter en fleur : leurs ombelles sont de véritables pistes d'atterrissage pour insectes. Laissez également fleurir les **aromatiques** : menthe, origan, lavande, thym, romarin, bourrache.

DES FLEURS PARTICULIÈREMENT INTÉRESSANTES...

Cultivez ou laissez fleurir des plantes qui fleurissent tôt et tard en saison, à un moment où les sources de pollen et de nectar manquent aux pollinisateurs.

- Floraisons précoces : noisetier, violette, bruyère, amandier, abricotier, muscari, saule marsault.
- Floraisons tardives : asters, verge d'or, cosmos, phacélie, lierre.

J'offre le gîte et le couvert aux auxiliaires

Les « auxiliaires » sont des organismes qui vont s'attaquer aux « ravageurs » de nos plantes cultivées. Très utilisés en culture biologique, dans une démarche de « lutte intégrée », ils sont souvent achetés pour des lâchers en plein champ ou serre. Le plus simple est qu'ils viennent tout seuls chez vous !

Sachez les reconnaître :

- Les **larves de coccinelle** mangent jusqu'à 300 pucerons par jour.
- Les **syrphes** sont des petites mouches très fines au vol stationnaire qui pondent à proximité des colonies de pucerons (dont se nourrissent les larves). Ils adorent les fleurs de l'alysse odorante (au doux parfum de miel).

- Les **chrysopes** raffolent des pucerons, thrips, mouches mineuses, etc.
- Les **guêpes parasitoïdes** pondent leurs œufs dans leur victime, se développent dans leur corps, entraînant leur mort. Leurs nombreuses espèces s'attaquent aux aleurodes, punaises, pucerons, chenilles, etc.

Le meilleur moyen de réguler la population d'insectes « ravageurs » chez vous est de faire en sorte d'en garder une petite population constante et de ne pas les éradiquer coûte que coûte. Pourquoi ? En gardant une population assez stable, vous invitez leurs prédateurs à rester chez vous.

Arrêtez tout **traitement d'origine synthétique**. Attention également à certains traitements d'origine organique mais loin d'être anodins pour la biodiversité comme le **pyrèthre**.

Gardez les **vieilles souches** et le **bois mort** qui abriteront des carabes, prédateurs du carpocapse, du doryphore et des limaces.

ET POURQUOI PAS DES RUCHES ?

Symbole de la biodiversité à préserver, l'abeille a un mode de vie fascinant. Quand on commence à s'y intéresser, on entre dans un monde à la fois simple et complexe. Une expérience merveilleuse, à partager avec les enfants.

mes actions pour la biodiversité

RÉPONSES AUX TESTS

p. 21

Quizz (Vrai/faux)

a) Faux.

b) Faux.

c) Vrai.

d) Vrai.

e) Faux.

f) Faux.

p. 31

Le jeu des 7 familles

Alliacées : oignon, poireau

Apiacées : carotte

Brassicacées : navet

Cucurbitacées : concombre, courgette

Fabacées : fève, haricots verts

Solanacées : aubergine, tomate, poivron

Rosacées : framboisier, prunier

p. 39

Quizz

Les paillis et matières organiques des plus azotés aux moins azotés :

1. Sang séché
2. Tonte de gazon
3. Fumier pailleux de cheval
4. Foin
5. Feuilles mortes
6. Paille
7. Copeaux de bois (broyat)

p. 49

Quizz : Savez-vous conserver vos légumes ?

a) Faux, il existe des variétés vertes.

b) Faux, on utilise les bactéries lactiques naturellement présentes dans les légumes.

c) Pour conserver mes abricots, je peux les déshydrater, les congeler et faire des conserves.

d) Courges, haricots secs.

p. 55

Quizz

Les déchets que vous pouvez donner aux poules :

Épluchures de carotte

Salade fanée

Restes de viande

Croûtes de fromage

CRÉDITS DES ILLUSTRATIONS

Biosphoto

© Alexandre Petzold : 21 h ; © Amandine Johannet : 34 g ; © Flora Press / MBPimages : 8 ; © Frédéric Didillon : 9 hd, 29 hd ; © Friedrich Strauss : 30, 36 m ; © George Grall : 55 ; © Hervé Lenain : 31 h ; © Jean-Michel Groult : 29 b, 45, 59 b ; © Joël Douillet : 39 h ; © Le Scanff-Mayer : 42 h ; © NouN : 11 b, 20 ; © Philippe Giraud : 38, 43, 54 ; © Serge Lapouge : 26 b ; © Yann Avril : 23 h.

GettyImages

© 56 bg ; © abadonian : 26 m ; © Ajt : 40 hd ; © AlexRaths : 33 b ; © Alter_photo : 17 h ; © Aluna1 : 12 d ; © anilakkus : 37 h ; © Annalovisa : 46 m ; © arxichtu4ki : 36 b ; © baza178 : 28 h ; © Bill Boch : 52 g ; © Caleb Maclot : 4 ; © Caroline Gauvin : 56 m ; © CasarsaGuru : 39 b, 46 b ; © cheche22 : 23 m ; © Colematt : 58 d ; © Copyright OneliaPG Photography : 60 g ; © Creativ Studio Heinemann : 50 g ; © Cultura RM Exclusive/Flynn Larsen : 15 g ; © Decobrush : 16 m ; © Deyan Georgiev / 500px : 31 bd ; © dfli : 23 b ; © Dulezidar : 16 hg ; © Ekaterina Vakhrameeva : 56 h ; © ElenaMichaylova : 12-13 h ; © ericb007 : 33 h ; © FangXiaNuo : 32 m ; © Francesca Yorke : 40 b ; © GMVozd : 53 h ; © hydrangea100 : 53 b ; © Irina Shisterova : 11 h ; © Jaboticaba Fotos : 37 b ; © Jatrax : 52 b ; © Jirkaejc : 53 m ; © John Block : 22 ; © Johnwoodcock : 12 g ; © KOSTIC DUSAN_VUK : 14 g ; © ksena32 : 47 h ; © Lena_Zajchikova : 36 h ; © Marcouliana : 60 d ; © Mariaflaya : 16 hd ; 28 b, 29 hg ; © Marilyn Barbone : 44 m ; © Marina Lohrbach : 44 b ; © MarkSwallow : 46 h ; © Martin Poole : 48 ; © MediaProduction : 32 h ; © Mementolmage : 41 ; © Merethe Svarstad Eeg / EyeEm : 10 g ; © Minhm2m : 9 m ; © MyosotisRock : 16 bg ; © Ocs_12 : 56 bd ; © OrnRin : 18 b ; © Pauws99 : 17 b ; © PAWITA WARASIRI : 15 d ; © Phoebe-Yu : 16 d ; © Picture Partner : 42 b ; © Pidjoe : 58 g ; © rbiedermann : 47 b ; © Sanddebeautheil : 32 b ; © Schulzie : 18 hd ; © Sean Malyon : 27 ; © Sestovic : 40 hg ; © Shyrokova : 49 b ; © Temmuzcan : 59 m ; © Tetiana Rostopira : 44 h ; © Unclepodger : 51 h ; © UserGI15633745 : 15 b ; © voltan1 : 50 d ; © Woraput : 51 b ; © Zoonar RF : 19.

Shutterstock

© 9 hg, 10 d, 13, 18 h, 21 m, 21 b, 24, 25, 31 bg, 35, 39 m, 49 h, 49 mg, 49 md, 59 h, 61 © Fancy Tapis : 26 h ; © Lorelyn Medina : 34 d ;© StockVector : 14 d.

Pour les Éditions Larousse, le principe est d'utiliser des papiers composés de fibres naturelles, renouvelables, recyclables et fabriquées à partir de bois issus de forêts qui adoptent un système d'aménagement durable. En outre, les Éditions Larousse attendent de leurs fournisseurs de papier qu'ils s'inscrivent dans une démarche de certification environnementale reconnue.

PAPIER À BASE DE FIBRES CERTIFIÉES

LAROUSSE s'engage pour l'environnement en réduisant l'empreinte carbone de ses livres. Celle de cet exemplaire est de : 400 g éq. CO_2 Rendez-vous sur www.larousse-durable.fr

DANS LA MÊME COLLECTION

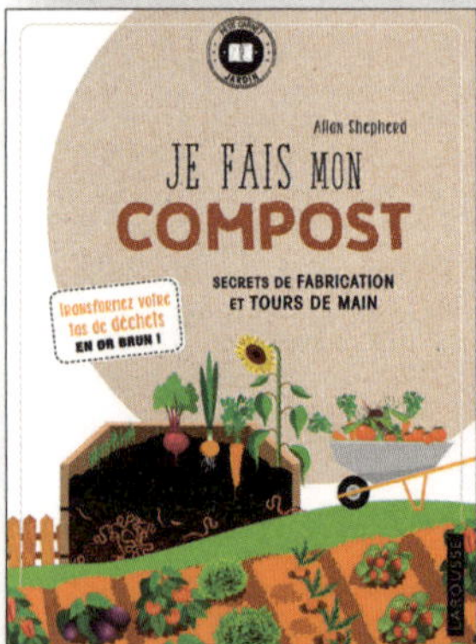

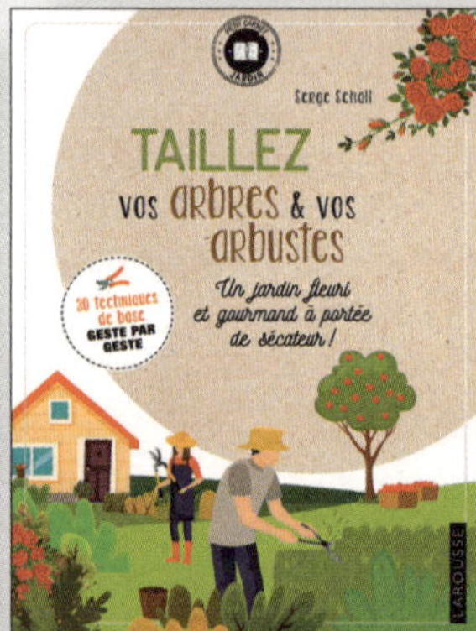

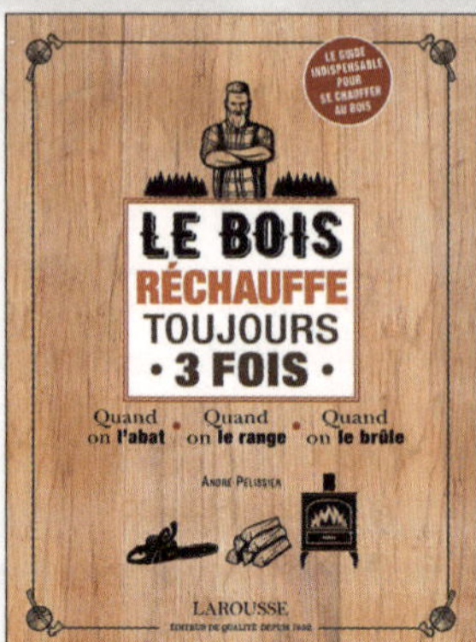

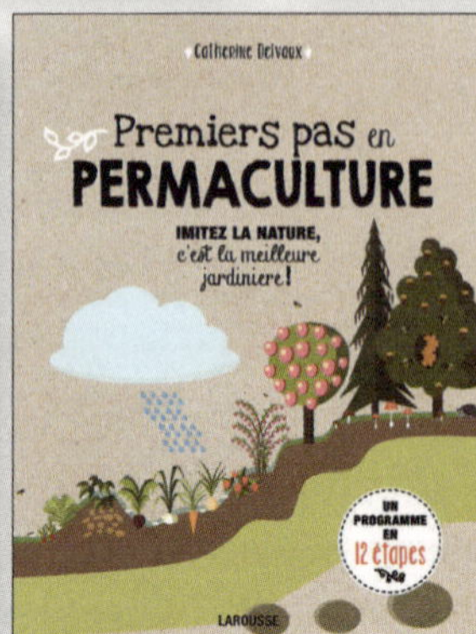

Achevé d'imprimer en Espagne par Macrolibros SL
323645/01 – 11041047 – août 2019